TASCHEN's PARIS

Restaurants, Bars & Cafés

Photos Vincent Knapp

TASCHEN's PARIS
Restaurants, Bars & Cafés

Angelika Taschen

TASCHEN

Restaurants, Bars & Cafés

Le Grand Véfour

17, rue de Beaujolais, 75001 Paris
☎ +33 1 42 96 56 27
www.grand-vefour.com
Métro: Palais Royal Musée du Louvre

The restaurant is situated next to the very pretty Palais Royal gardens. Its magnificent rooms with their cardinal-red banquettes, gold-framed mirrors and details in unadulterated Directoire style are among the most beautiful in the city and are even listed for preservation. Worth a visit not least because of the interior and the location.

Das Restaurant liegt an den wunderschönen Gärten des Palais Royal. Seine prachtvollen Räume mit kardinalroten Sitzbänken, goldumrahmten Spiegeln und Details im reinen Directoire-Stil gehören zu den schönsten Interieurs der Stadt und stehen sogar unter Denkmalschutz. Schon wegen der Lage und des Interieurs lohnt ein Besuch.

Le restaurant est situé dans les merveilleux jardins du Palais Royal. Ses salles somptueuses – banquettes rouge cardinal, miroirs aux cadres dorés et détails du plus pur style Directoire – sont au nombre des plus beaux intérieurs de la ville et même classées site protégé. Mais sa cuisine remarquable mérite aussi d'être mentionnée – d'ailleurs, le restaurant est membre des Relais & Châteaux, c'est tout dire.

Interior: Original Directoire style, listed for preservation.
Open: Closed on Friday evening, Saturday and Sunday; warm food served 12.30–2pm, 8–10pm.
X-Factor: An excellent choice in upmarket French cuisine.
Prices: € 88 lunch menu/ € 268 dinner menu.

Interieur: Original Directoire-Stil, denkmalgeschützt.
Öffnungszeiten: Freitagabend, Sa, So geschlossen; Küche geöffnet 12.30–14 Uhr, 20–22 Uhr.
X-Faktor: Gehobene französische Küche, exzellente Auswahl.
Preise: 88 € Menü (mittags)/ 268 € Menü (abends).

Décoration intérieure : Style Directoire d'origine, classé monument historique.
Horaires d'ouverture : Fermé le vendredi soir, le samedi et le dimanche; cuisine ouverte 12h30–14h, 20h–22h.
Le « petit plus » : Cuisine française supérieure, excellent choix.
Prix : 88 € menu (midi)/268 € menu (soir).

Café Marly

93, rue de Rivoli, 75001 Paris
☎ +33 1 49 26 06 60
Métro: Palais Royal Musée du Louvre

Café Marly belongs to Jean-Louis Costes, was designed by Yves Taralon, Olivier Gagnère and Jacques Garcia, and is a must because of the spectacular location. You can sit on the terrace in winter, too, where the view of the inner courtyard of the Louvre with I. M. Pei's glass pyramid is quite an experience, day or night. Inside the café, try to sit at a table where you can gaze at the sculpture garden in the Louvre.

Das Café Marly gehört Jean-Louis Costes, wurde von Yves Taralon, Olivier Gagnère und Jacques Garcia gestaltet und ist wegen der spektakulären Lage ein Muss. Auf der Terrasse kann man auch im Winter sitzen, der Blick auf den Innenhof des Louvre mit der Glaspyramide von I. M. Pei ist tags wie nachts einfach ein Erlebnis. Im Innenraum sind die Tische empfehlenswert, die den Blick auf den eindrucksvollen Skulpturengarten im Louvre gestatten.

Appartenant à Jean-Louis Costes, le Café Marly a été décoré par Yves Taralon, Olivier Gagnère et Jacques Garcia. Son emplacement spectaculaire explique à lui seul qu'on s'y arrête. Sa terrasse, ouverte également en hiver, offre une vue sur la cour intérieure du Louvre avec la pyramide de verre de I. M. Pei, qui est saisissante de jour comme de nuit. À l'intérieur du café, les meilleures tables sont celles donnant sur le jardin de sculptures du Louvre.

Open: Daily 8–1.30am.
X-Factor: The terrace with a view of the Louvre pyramid | Breakfast and light meals.
Prices: € 16 starters/ € 25 main course.

Öffnungszeiten: Täglich 8–1.30 Uhr.
X-Faktor: Terrasse mit Blick auf die Louvre-Pyramide | Frühstück, leichte Gerichte.
Preise: 16 € Vorspeise/25 € Hauptgericht.

Horaires d'ouverture : Tous les jours 8h–1h30 du matin.
Le « petit plus » : La terrasse avec vue sur la pyramide du Louvre | Petit déjeuner, plats légers.
Prix : 16 € entrée/25 € plat principal.

Ladurée

16, rue Royale, 75008 Paris
☎ +33 1 42 60 21 79
www.laduree.fr
Métro: Concorde/Madeleine

This was one of the first tea rooms in Paris, a place where a woman could go alone, as opposed to cafés, and the interior has remained unchanged since 1862. The charming room is in unadulterated Empire style, and is worth a visit just to feel how life was in the old days. You may become addicted to the many different-flavoured home-made macaroons, and they are a delightful little present. Eat them freshly baked. After a cup of tea, on with the shopping trip – Gucci is waiting for you on the other side of the street, then Hermès, YSL, not to forget Stéphane Kélian.

Dies war einer der ersten Teesalons in Paris (den man, im Gegensatz zu Cafés, einst als Frau alleine besuchen konnte), und das Interieur ist seit 1862 unverändert. Der zauberhafte Raum in reinstem Empire ist schon ein Erlebnis und lässt alte Zeiten wieder aufleben. Die selbst gemachten Makronen in zahlreichen Aromen machen süchtig – sie sind zudem ein wunderbares Mitbringsel, man sollte sie nur ganz frisch essen. Nach einer Tasse Tee kann der Einkaufsbummel weitergehen; gleich gegenüber wartet Gucci, gefolgt von Hermès, YSL und Stéphane Kélian.

L'un des premiers salons de thé parisiens (qu'une femme pouvait fréquenter jadis, contrairement aux cafés), son intérieur n'a pas changé depuis 1862. La magnifique salle dans le style Second Empire vaut le coup d'œil et transporte le consommateur dans le passé. Il est difficile de résister aux macarons faits maison. Existant en plusieurs parfums, ils constituent un délicieux cadeau, mais doivent être dégustés le plus tôt possible. Après une tasse de thé, le shopping peut continuer puisque Gucci se trouve en face, suivi d'Hermès, YSL et de Stéphane Kélian.

Open: Mon–Thu 8.30am–7.30pm, Fri/Sat 8.30am–8pm, Sun 10am–7pm.
X-Factor: A huge selection of the very best macaroons | Breakfast, lunch.
Prices: From € 5 for pastries/ € 6.50 for tea/€ 18 breakfast/ € 34 à la carte.

Öffnungszeiten: Mo–Do 8.30–19.30 Uhr, Fr/Sa 8.30–20 Uhr, So 10–19 Uhr.
X-Faktor: Die besten Makronen in großer Auswahl | Frühstück, Mittagessen.
Preise: ab 5 € Patisserie/ 6,50 € Tee/18 € Frühstück/ 34 € à la carte.

Horaires d'ouverture : Lun–Jeu 8h30–19h30, Ven/Sam 8h30–20h, Dim 10h–19h.
Le « petit plus » : Une belle sélection de délicieux macarons | petit déjeuner, déjeuner.
Prix : Pâtisseries à partir de 5 €/ 6,50 € thé/18 € petit déjeuner/34 € à la carte.

À Priori Thé

35–37, Galerie Vivienne, 75002 Paris
(Access from rue de la Banque, or rue des Petits Champs)
☏ +33 1 42 97 48 75
Métro: Bourse

The 19th-century glass-roofed shopping arcade is worth a visit for the architecture alone, and it is even better if you can squeeze in a visit to the tea room with its colonial atmosphere. An exquisite afternoon tea, with a scone that melts on your tongue, or a piece of delicious chocolate cake or lemon cake – what a perfect afternoon.

Die mit Glas überdachten Einkaufspassagen aus dem 19. Jahrhundert sind schon dank ihrer Architektur ein lohnendes Ziel – und noch schöner, wenn man den Besuch mit einer Stippvisite im kolonial anmutenden Teesalon verbindet. Ein exquisiter Afternoon-Tea, dazu ein Scone, der auf der Zunge zergeht, oder ein Stück köstlicher Schokoladen- und Zitronenkuchen – und der Nachmittag ist perfekt.

Si les galeries marchandes aux toits de verre du XIXe siècle valent le détour rien que pour leur architecture, une petite visite au salon de thé d'ambiance coloniale est la cerise sur le gâteau. Un thé de cinq heures exquis accompagné d'un scone qui fond sur la langue ou d'une part de délicieux gâteau au citron ou au chocolat, et l'après-midi nous sourit.

Open: Mon–Fri 9am–6pm, Sat 9am–6.30pm, Sun midday–6.30pm | Reservation recommended for lunch.
X-Factor: Double-chocolate brownies, lemon cheesecake, scones.
Prices: € 7 cakes/€ 22 à la carte/€ 5.50 a pot of tea.

Öffnungszeiten: Mo–Fr 9–18 Uhr, Sa 9–18.30 Uhr, So 12–18.30 Uhr | Mittags Reservierung empfohlen.
X-Faktor: Brownies mit zwei Schokoladensorten, Zitronen-Cheesecake, Scones.
Preise: 7 € Patisserie/22 € à la carte/5,50 € Teekanne.

Horaires d'ouverture : Lun–Ven 9h–18h, Sam 9h–18h30, Dim 12h–18h30 | Réserver de préférence pour le déjeuner.
Le « petit plus » : Brownies au deux chocolats, cheesecake au citron, scones.
Prix : 7 € pâtisserie/22 € à la carte/5,50 € théière.

Market

15, Avenue Matignon, 75008 Paris
☎ +33 1 56 43 40 90
www.jean-georges.com
Métro: Franklin-D. Roosevelt

Elegant and absolutely en vogue. Market belongs to Jean-Georges Vongerichten, who runs a dozen or more fashionable venues throughout the world, including Vong in New York. Christian Liaigre has designed the room stylishly, and the cuisine served here is very distinctive. The proprietor's own tip is the "poisson cru" (raw fish), for example, sea bream in olive oil.

Elegant und absolut „en vogue". Das Market gehört Jean-Georges Vongerichten, der noch ein gutes Dutzend weiterer Restaurants in aller Welt betreibt, darunter das Vong in New York. Hier in Paris hat Christian Liaigre den Raum sehr chic ausgestattet, dazu wird eine aromatische Küche serviert. Tipp des Besitzers ist der „poisson cru", der rohe Fisch, zum Beispiel Dorade mit Olivenöl.

Élegant et absolument « en vogue », le Market appartient à Jean-Georges Vongerichten, qui possède également une bonne douzaine d'établissements dans le monde entier, dont le Vong à New York. Ici, à Paris, c'est Christian Liaigre qui s'est chargé de la décoration. Très chic, le Market sert une cuisine aromatique. Le propriétaire nous recommande son poisson cru, une dorade par exemple, avec un filet d'huile d'olive.

Open: Lunchtime: daily midday–3pm; evenings: daily 7–11.30pm.
X-Factor: Pizza with black truffles and fontina.
Prices: From € 30 main course/€ 34 set lunch menu.

Öffnungszeiten: Mittags: täglich 12–15 Uhr; abends: täglich 19–23.30 Uhr.
X-Faktor: Pizza mit schwarzen Trüffeln und Fontina.
Preise: Ab 30 € Hauptgericht/34 € Lunch-Menü.

Horaires d'ouverture : Déjeuner : tous les jours 12h–15h; le soir : tous les jours 19h–23h30.
Le « petit plus » : La pizza truffe noire et fontina.
Prix : Plat principal à partir de 30 €/34 € lunch formule.

Bar du George V

Four Seasons Hôtel George V
31, Avenue George V, 75008 Paris
☎ +33 1 49 52 70 06
www.fourseasons.com
Métro: George V

If you need a change from Andrée Putman's design or the cool people in the Pershing Lounge or in L'Avenue, then it is time to move on to the cosy, traditional bar in the George V. It is only a few hundred metres to walk, and offers discreet professional service and excellent drinks and snacks.

Wenn man das Design von Andrée Putman und die coolen Leute in der Pershing Lounge oder im L'Avenue nicht mehr sehen kann, sollte man in die gemütliche, traditionelle Bar des George V wechseln. Sie ist nur ein paar Hundert Meter entfernt, bietet einen diskreten professionellen Service, exzellente Drinks und Snacks.

Si on ne peut plus supporter le design d'Andrée Putman ni les clients très cools du Pershing Lounge ou de l'Avenue, il faut alors se rendre au bar confortable et traditionnel du George V. Situé à quelques centaines de mètres de là, il propose un service professionnel et discret, des boissons excellentes ainsi que des snacks.

Open: Sun–Thur 10–1.30am, Fri/Sat 10–2.30am; warm food served 10am–6pm.
X-Factor: Excellent sandwiches, good choice of small dishes and Martinis.
Prices: € 30–69 sandwiches/ € 47 main course/€ 87 à la carte.

Öffnungszeiten: So–Do 10–1.30 Uhr, Fr/Sa 10–2.30 Uhr; Küche 10–18 Uhr.
X-Faktor: Hervorragende Sandwiches, gute Auswahl an kleinen Gerichten und Martinis.
Preise: 30–69 € Sandwich/ 47 € Hauptgericht/87 € à la carte.

Horaires d'ouverture : Dim–Jeu 10h–1h30 du matin, Ven/ Sam 10h–2h30 du matin ; cuisine 10h–18h.
Le « petit plus » : Délicieux sandwichs, bon choix de plats simples et légers et de martinis.
Prix : 30–69 € sandwich/ 47 € plat principal/87 € à la carte.

L'Avenue

41, Avenue Montaigne, 75008 Paris
☎ +33 1 40 70 14 91
Métro: Franklin-D. Roosevelt/Alma-Marceau

It is not only for the light and healthy cuisine that people come here, but also because of its slim and beautiful, calorie-conscious followers. It is always the young, well-dressed people who sit in L'Avenue, as well as stars of the cinema and television who have arranged to meet journalists here for an interview. The interior, designed by Jacques Garcia, is just as trendy in violet velvet and gold. Stop by for a drink in the bar on the second floor before or after your meal.

Hier geht man nicht nur wegen der leichten und gesunden Küche hin, sondern auch wegen ihrer schön-schlanken und kalorienbewussten Anhänger. Im L'Avenue sitzen immer junge, gut gekleidete Menschen sowie Stars aus Film und Fernsehen, die sich hier mit Journalisten zum Interview verabredet haben. Das Interieur von Jacques Garcia gibt sich ebenso trendig in lila Samt und Gold. Vor oder nach dem Essen kann man noch auf einen Drink in der Bar im zweiten Stock vorbeischauen.

On se rend ici non seulement à cause de la cuisine légère et saine, mais aussi pour les habitués minces et soucieux de leur ligne. Les clients de L'Avenue sont toujours de jeunes gens bien habillés ou des vedettes du cinéma et de la télévision. La décoration intérieure de Jacques Garcia est, elle aussi, « trendy » avec ses dorures et son velours lilas. Avant et après le repas, on peut monter au deuxième étage pour boire un verre au bar.

Open: Mon–Sun 8–2am.
X-Factor: Light and healthy cuisine.
Prices: € 12–34 starters/ € 18–42 main course.

Öffnungszeiten: Mo–So 8–2 Uhr.
X-Faktor: Leichte und gesunde Küche.
Preise: 12–34 € Vorspeise/ 18–42 € Hauptgericht.

Horaires d'ouverture : Lun–Dim 8h–2h du matin.
Le « petit plus » : Cuisine légère et saine.
Prix : 12–34 € entrée/18–42 € plat principal.

Bar du Plaza Athénée

Hôtel Plaza Athénée Paris
25, Avenue Montaigne, 75008 Paris
☎ +33 1 53 67 66 65
www.plaza-athenee-paris.com
Métro: Alma-Marceau

The celebrated "English Bar" of the Plaza Athénée no longer exists. Now a pseudo-Starck look prevails: the bar, designed by Patrick Jouin, is hewn out of glass and begins to glow when you touch it. However, the cocktail list is excellent. This makes the bar a good alternative, should you want to chill out somewhere other than in the George V or Pershing Lounge. Or should you be curious about the restaurant run by Alain Ducasse, or about the magnificent lobby of this legendary hotel.

Die berühmte „English Bar" des Plaza Athénée gibt es nicht mehr. Jetzt herrscht hier ein Pseudo-Starck-Look – die Bar von Designer Patrick Jouin ist aus Glas gehauen und beginnt zu leuchten, wenn man sie berührt. Die Cocktail-Karte allerdings ist exzellent. Damit sei die Bar zur Abwechslung empfohlen, falls man mal nicht nur im George V oder in der Pershing Lounge chillen möchte. Oder einfach nur neugierig auf das Restaurant von Alain Ducasse oder die prachtvolle Lobby dieser Hotellegende ist.

Le célèbre bar anglais de l'Hôtel Plaza Athénée n'existe plus. Il y règne maintenant un look à la Philippe Starck. Le bar a été conçu par le designer Patrick Jouin. Entièrement en verre, il s'allume quand on le touche. La carte des cocktails est, quant à elle, excellente. Ce bar est donc à recommander si on ne désire pas uniquement fréquenter le George V ou le Pershing Lounge. Ou encore si on est simplement curieux de découvrir le restaurant d'Alain Ducasse ou le hall somptueux de cet hôtel de légende.

Open: Daily 6pm–2am.
X-Factor: The glass bar, which lights up when touched | Excellent cocktail list.
Prices: € 26 cocktails/€ 20 wine (glass)/€ 25 champagne (glass).

Öffnungszeiten: Täglich 18–2 Uhr.
X-Faktor: Gläserne Bar, die bei Berührung aufleuchtet | Exzellente Cocktail-Karte.
Preise: 26 € Cocktails/20 € Wein (Glas)/25 € Champagner (Glas).

Horaires d'ouverture : Tous les jours 18h–2h du matin.
Le « petit plus » : Comptoir en verre, qui s'illumine au toucher | Excellente carte de cocktails.
Prix : 26 € cocktails/20 € vin (verre)/25 € champagne (coupe).

La Maison du Caviar

21, rue Quentin Bauchart, 75008 Paris
☎ +33 1 47 23 53 43
www.caviar-volga.com
Métro: George V

La Maison du Caviar is a classic institution in Paris, a very comfortable restaurant in the Russian tradition. Here you sit at small tables or at the long bar and treat yourself to the finest caviar. Should this be too expensive for you, ask for the delicious smoked wild salmon or crab, or order the classic Bœuf Stroganoff.

La Maison du Caviar ist eine klassische Institution in Paris, ein Restaurant in russischer Tradition und sehr gemütlich. Hier sitzt man an kleinen Tischen oder an der langen Bar und gönnt sich feinsten Kaviar. Wem der zu teuer ist, kann köstlichen geräucherten Wildlachs oder Krebse bestellen – oder ordert den Klassiker Bœuf Stroganoff.

Devenue une véritable institution à Paris, La Maison du Caviar est un restaurant de tradition russe très agréable. On y est assis à des petites tables ou au grand comptoir et l'on y déguste un excellent caviar. Mais on peut aussi, et pour moins cher, commander un délicieux saumon fumé, des crevettes ou le classique bœuf Stroganoff.

Open: Mon–Sat midday–2.30pm; 7–11pm.
X-Factor: A good selection of caviar and Russian dishes, smoked salmon.
Prices: approx. € 150 meal with caviar/approx. € 80 meal without caviar.

Öffnungszeiten: Mo–Sa 12–14.30 Uhr; 19–23 Uhr.
X-Faktor: Große Auswahl an Kaviar und russischen Gerichten, geräucherter Lachs.
Preise: ca. 150 € Gericht mit Kaviar/ca. 80 € Gericht ohne Kaviar.

Horaires d'ouverture : Lun–Sam 12h–14h30; 19h–23h.
Le « petit plus » : Grand choix de caviar et de plats russes, saumon fumé.
Prix : env. 150 € plat avec caviar/env. 80 € plat sans caviar.

La Cristal Room Baccarat

Maison Baccarat
11, Place des États-Unis, 75116 Paris
☏ +33 1 40 22 11 10
www.baccarat.fr
Métro: Boissière/Kléber

The best place to celebrate your newly acquired Baccarat items with a glass of wine – the wine list here is rather good. The restaurant has also been designed by Philippe Starck – très chic and with a Baroque-inspired ambience. The dishes, mainly French, are fantastic, but expensive.

Der beste Platz, um die neu erstandenen Baccarat-Stücke bei einem Glas Wein zu feiern (die Weinkarte kann sich sehen lassen). Auch das Restaurant ist von Philippe Starck im barock inspirierten Ambiente und „très chic" gestaltet worden. Die überwiegend schlichten französischen Gerichte sind grandios, aber teuer.

Le meilleur endroit pour fêter ses nouvelles acquisitions de Baccarat en dégustant un bon vin (la carte des vins peut d'ailleurs rivaliser avec les plus grandes). D'inspiration baroque, le restaurant a été lui aussi aménagé par Philippe Starck et se distingue par son élégance. La cuisine, surtout française, que l'on y sert est raffinée, mais onéreuse.

Open: Closed on Sunday; food served 12.15–2.15pm, 7.30–10.15pm | Reservation essential.
X-Factor: Spectacular crystal decoration; imaginative dishes, such as Maine lobster coulibiac, excellent wines.
Prices: € 100–120 à la carte/ € 150–200 set menu.

Öffnungszeiten: So geschlossen; Küche 12.15–14.15 Uhr, 19.30–22.15 Uhr | Reservierung erforderlich.
X-Faktor: Spektakuläre Kristalldekoration. Fantasievolle Gerichte, wie amerikanischer Hummer in Pastete, exzellente Weine.
Preise: 100–120 € à la carte/ 150–200 € Menü.

Horaires d'ouverture : Fermé le dimanche; restaurant 12h15–14h15, 19h30–22h15 | Sur réservation.
Le « petit plus » : Décoration en cristal spectaculaire. Plats originaux, comme Homard du Maine avec la chair en koulibiac, excellents vins.
Prix : 100–120 € à la carte/ 150–200 € menu.

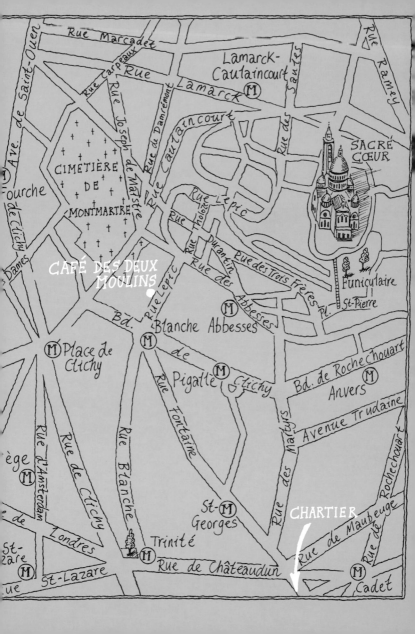

Chartier

7, rue du Faubourg Montmartre, 75009 Paris
☎ +33 1 47 70 86 29
www.restaurant-chartier.com
Métro: Grands Boulevards

Opened in 1896, this unpretentious fin-de-siècle restaurant has at last been officially made into a historical monument. Here you are served good, plain, French fare in an authentic and lively environment. This includes not only eggs with mayonnaise, bœuf bourguignon and pot-au-feu, as well as the heartier sort of food, like tongue, brain of lamb and boiled head of calf in addition to light dishes. As the prices are comparatively low, you usually have to queue to get a table – but the wait is worth it.

1896 eröffnet, ist dieses unprätentiöse Fin-de-Siècle-Restaurant nun offiziell ein historisches Denkmal. Hier bekommt man in authentischer und lebendiger Atmosphäre gute französische Hausmannskost. Neben Mayonnaise-Eiern, Bœuf bourguignon und Pot-au-feu gibt es Deftiges mit Zunge, Lammhirn und gekochtem Kalbskopf, aber auch leichte Gerichte. Da die Preise relativ niedrig sind, muss man meist Schlange stehen, um einen Tisch zu bekommen, doch das Warten lohnt.

Ouvert en 1896, ce restaurant fin de siècle sans prétention possède une salle classée aux monuments historiques. On peut y déguster des plats typiquement français dans une atmosphère vivante et authentique. À côté des œufs durs mayonnaise, du bœuf bourguignon et du pot-au-feu, on peut aussi commande de la langue de veau, de la cervelle d'agneau et de la tête de veau bouillie. Les prix étant relativement modestes, il faut souvent attendre pour avoir une table, mais cela en vaut la peine.

History: Opened 1896 | Historical building with the original décor of the 1890s.
Open: Daily 11.30am–10pm.
X-Factor: Plain French home cooking | Speciality: Pot-au-feu.
Prices: € 3.50 starters/€ 10 main course/€ 3.50 dessert.

Geschichte: 1896 eröffnet | Historisches Gebäude mit Dekor aus den 1890ern.
Öffnungszeiten: Täglich 11.30–22 Uhr.
X-Faktor: Französische Hausmannskost | Spezialität: Pot-au-feu.
Preise: 3,50 € Vorspeise/ 10 € Hauptgericht/3,50 € Dessert.

Histoire : Ouvert en 1896 | Bâtiment historique avec décor des années 1890.
Horaires d'ouverture : Tous les jours 11h30–22h.
Le « petit plus » : Cuisine française traditionnelle | Spécialité : pot-au-feu.
Prix : 3,50 € entrée/10 € plat principal/ 3,50 € dessert.

Café des Deux Moulins

15, rue Lepic, 75018 Paris
☎ +33 1 42 54 90 50
Métro: Blanche

This café shot to fame on account of the wonderful, low-budget French film "Amélie" (2001), with Audrey Tatou which was nominated for five Oscars. The walls are now adorned with photos of the actress, but otherwise the atmosphere of the 1950s remains the same, as does the menu. Here you can find the traditional classics like steak, frisée lettuce with fried diced bacon and goat's cheese or Camembert with a glass of Côtes du Rhône.

Berühmt wurde dieses Café durch den wunderbaren französischen Low-Budget-Film „Die wunderbare Welt der Amélie"(2001) mit Audrey Tatou, der für fünf Oscars nominiert wurde. Die Wände zieren jetzt Fotos der Schauspielerin – ansonsten ist die Atmosphäre der 1950er aber erhalten geblieben; ebenso die Speisekarte. Auf der stehen Klassiker wie Steaks, Friséesalat mit gebratenem Speck und Ziegenkäse oder Camembert mit einem Glas Côtes du Rhône.

Ce café doit sa célébrité au film à petit budget « Le Fabuleux Destin d'Amélie Poulain » (2001) avec Audrey Tatou, un film cinq fois nominé aux Oscars. Hormis les photos de l'actrice qui décorent les murs, le café a gardé son atmosphère des années 1950, tout comme la carte d'ailleurs qui propose des plats classiques comme le beefsteak, la salade frisée aux petits lardons, le fromage de chèvre ou le camembert. Le tout accompagné d'un verre de côtes-du-Rhône.

Open: Mon–Fri 7.30–2am, Sat 8–2am; Sun 8.30am–1am.
X-Factor: Location of the film "Amélie" (2001) | Specialities: entrecôte, crème brûlée.
Prices: € 11 main course/ € 6 starters/ € 5 dessert | Credit cards: Visa only.

Öffnungszeiten: Mo–Fr 7.30–2 Uhr, Sa 8–2 Uhr; So 8.30–1 Uhr.
X-Faktor: Drehort des Films „Die wunderbare Welt der Amélie" (2001) | Spezialitäten: Entrecôte, Crème brûlée.
Preise: 11 € Hauptgericht/ 6 € Vorspeise/ 5 € Dessert | Kreditkarten: nur Visa.

Horaires d'ouverture : Lun–Ven 7h30–2h, Sam 8h–2h ; Dim 8h30–1h du matin.
Le « petit plus » : Lieu de tournage du film « Le Fabuleux Destin d'Amélie Poulain » (2001) | Spécialités : entrecôte crème brûlée.
Prix : 11 € plat principal/ 6 € entrée/5 € dessert | Cartes de crédit : Uniquement Visa.

46

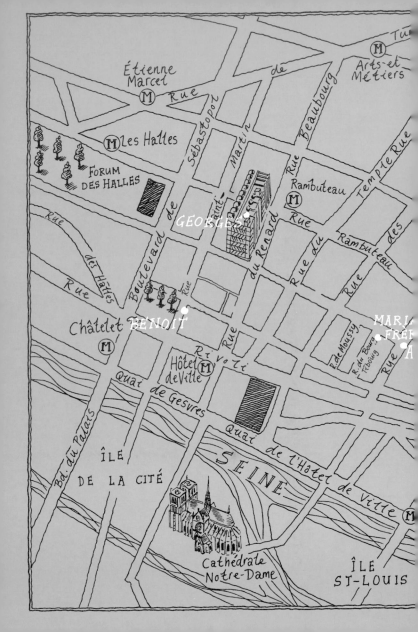

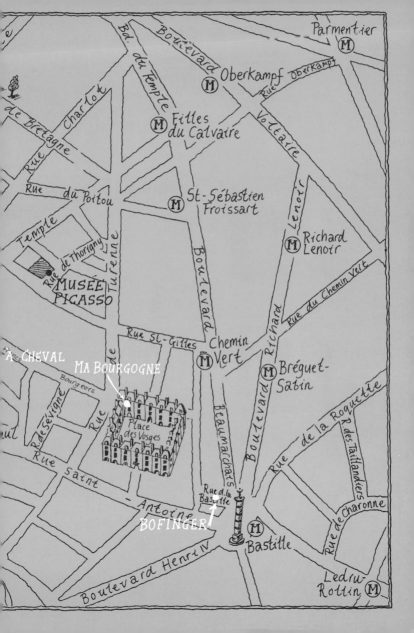

Ma Bourgogne

19, Place des Vosges, 75004 Paris
☎ +33 1 42 78 44 64
Métro: Bastille/Chemin Vert

A popular restaurant with guests, who come back again and again – not just for the food but above all because of its location. One can sit under the arcades until late into the autumn (thanks to heat lamps) and enjoy the view across the wonderful Place des Vosges. Frisée lettuce salad with fried diced bacon and boiled leeks with vinaigrette are recommended. Locals love the typical French tartare, which is always freshly prepared.

Ein beliebtes Restaurant, zu dem man immer wieder zurückkehrt – wegen der Karte und vor allem auch wegen der Lage: Bis in den Spätherbst hinein (Wärmestrahlern sei Dank) sitzen die Gäste unter den Arkaden mit Blick auf die wunderschöne Place des Vosges. Empfehlenswert sind der Friséesalat mit gebratenem Speck und der gekochte Lauch mit Vinaigrette. Einheimische lieben auch den typisch französischen Tatar, der ganz frisch zubereitet wird.

Un restaurant apprécié à cause de son menu, mais surtout à cause de son emplacement privilégié. Jusqu'à la fin de l'automne (la terrasse est chauffée), les clients peuvent en effet rester assis sous les arcades et admirer la superbe Place des Vosges. On recommande la salade de chicorée frisée aux lardons et le poireau vinaigrette, sans oublier le steak tartare typiquement français.

Open: Mon–Sun 8–1am; warm food served midday–1am.
X-Factor: View of Place des Vosges | Speciality: Beef tartare.
Prices: € 40–55 à la carte/ € 38 set menu | No credit cards.

Öffnungszeiten: Mo–So 8–1 Uhr; Küche geöffnet 12–1 Uhr.
X-Faktor: Blick auf die Place des Vosges | Spezialität: Rindfleisch-Tatar.
Preise: 40–55 € à la carte/ 38 € Menü | Keine Kreditkarten.

Horaires d'ouverture : Lun–Dim 8h–1h du matin ; cuisine ouverte 12h–1h du matin.
Le « petit plus » : Vue sur la place des Vosges | Spécialité : tartare de bœuf.
Prix : 40–55 € à la carte/ 38 € menu | Cartes de crédit non acceptées.

Dégustez nos Vins
de Propriété

Côte de Brouilly

Fleurie

Chiroubles

Moulin à Vent

Côte de Beaune

Santenay

Givry

Pouilly Fumé

Régnié

Chénas

Bordeaux

MA BOURGOGNE

Suggestions du jour

Foie gras poêlé au raisins 24.00
Salade gourmande 23.00
Poêlée de cèpes 20.00

Côte de bœuf 2 pers
Entrecôte grillée 22.00
Tripes au Cidre et Calvados
Poulet Fermier rôti

53

Bofinger

5–7, rue de la Bastille, 75004 Paris
☎ +33 1 42 72 87 82
www.bofingerparis.com
Métro: Bastille

In 1864 Bofinger, which was already selling its legendary sausages, started serving the first draft beer in Paris. Today the restaurant, a haunt of international and French film stars, is worth a visit for its wonderful original Art Nouveau interior and its excellent seafood.

Bofinger ist die älteste Brasserie von Paris – 1864 bekam man hier eine legendäre Charcuterie und das erste frisch gezapfte Bier der Stadt. Heute sollte man das Restaurant wegen des wunderschönen originalen Jugendstil-Interieurs besuchen und sich hier die ausgezeichneten Meeresfrüchte bestellen, wie es auch französische und internationale Filmstars tun.

Bofinger est la plus ancienne brasserie alsacienne de Paris – en 1864, on pouvait y déguster une charcuterie légendaire et on y tirait la première bière pression de la capitale. Le restaurant vaut encore le détour pour son superbe décor Belle Époque d'origine. Les stars du cinéma français et international apprécient ses excellents plateaux de fruits de mer.

History: Oldest brasserie in Paris, opened in 1864.
Interior: Spectacular Art Nouveau glass dome.
Open: Mon–Thu midday–3pm, 6.30pm–midnight, Fri/Sat midday–12.30am.
X-Factor: Excellent seafood.
Prices: € 31.50 set menu/ € 60 à la carte.

Geschichte: Die älteste Brasserie in Paris, 1864 eröffnet.
Interieur: Spektakuläre Artnouveau-Glaskuppel.
Öffnungszeiten: Mo–Do 12–15 Uhr, 18.30–24 Uhr, Fr/Sa 12–0.30 Uhr.
X-Faktor: Exzellente Meeresfrüchte.
Preise: 31,50 € Menü/60 € à la carte.

Histoire : La plus vieille brasserie de Paris, ouverte en 1864.
Décoration intérieure : Coupole de verre spectaculaire dans le style Art nouveau.
Horaires d'ouverture : Lun-Jeu 12h–15h, 18h30–24h, Ven/Sam 12h–0h30.
Le « petit plus » : Excellents fruits de mer
Prix : 31,50 € menu/60 € à la carte.

55

Au Petit Fer à Cheval

30, rue Vieille du Temple, 75004 Paris
☎ +33 1 42 72 47 47
www.cafeine.com
Métro: St-Paul

The mere sight of the small bar with a few chairs on rue Vieille du Temple tempts guests to take a seat, drink a beer and watch life passing by. It owes its name to the horseshoe-shaped bar made of brass, where locals meet up to relax. The beautiful mosaic floor – its designer was inspired by Victor Horta – contributes much to the great charm of this delightful place.

Wenn man die kleine Bar mit ein paar Stühlen auf der rue Vieille du Temple sieht, möchte man sich dort sofort hinsetzen, ein Bier trinken und das Treiben auf der Straße beobachten. Namensgeber des Lokals war die hufeisenförmige Bar aus Messing, an der sich fröhliche Gäste aus der Nachbarschaft treffen. Zum enormen Charme dieser hübschen Location trägt auch der schöne Mosaikboden bei, dessen Gestaltung von Victor Horta inspiriert wurde.

Lorsqu'on voit le petit café-restaurant et ses quelques chaises dans la rue Vieille du Temple, on désire aussitôt s'asseoir, boire un verre et observer ce qui se passe autour de nous. Le zinc en forme de fer à cheval a donné son nom à ce point de rencontre des joyeux drilles du quartier. Le très beau sol en mosaïque, inspiré des œuvres de Victor Horta, contribue à lui donner un charme fou.

History: Opened for the first time in 1903.
Interior: The décor is early 20th century, with a large horseshoe-shaped bar and a beautiful mosaic floor.
Open: Daily 9am–2pm; warm food served midday–1.15am.
Prices: € 14.50 main course/€ 4 sandwich.

Geschichte: Erstmals 1903 eröffnet.
Interieur: Dekor vom Anfang des 20. Jahrhunderts mit großer hufeisenförmiger Bar und schönem Mosaikboden.
Öffnungszeiten: Täglich 9–2 Uhr; Küche geöffnet 12–1.15 Uhr.
Preise: 14,50 € Hauptgericht/4 € Sandwich.

Histoire : Ouvert pour la première fois en 1903.
Décoration intérieure : Décoration du début du XXᵉ siècle avec comptoir en forme de fer à cheval et très joli sol en mosaïque.
Horaires d'ouverture : Tous les jours 9h–2h du matin ; cuisine ouverte 12h–1h15 du matin.
Prix : 14,50 € plat principal/4 € sandwich.

AU PETIT FER A CHEVAL
AFE BAR DU BRES

PETIT DESEUNER
DESEUNER
DINER
SERVICE CONTINU

€
11

Salle
derrière le
bar.
LARGE ROOM
BEHIND THE
U BAR

SOUPE DU JOUR

Velouté de
légumes

PLAT DU JOUR

Entrecôte au
beurre rouge

GRANDE SALLE
DERRIÈRE LE BAR
LARGE ROOM
BEHIND THE
U BAR

Mariage Frères

30–32, rue du Bourg-Tibourg, 75004 Paris
☎ +33 1 42 72 28 11
www.mariagefreres.com
Métro: Hôtel de Ville

Nowhere in Paris – or anywhere, for that matter – is the selection of fine tea better than here. The cakes and salads served with them are also excellent. The shop is even open on Sundays and sells superb scented candles with a hint of tea aroma – my favourite is the "Thé des Mandarins". Much as I like this shop, I prefer the Mariage Frères tea salon in the 6th Arrondissement (13, rue des Grands-Augustins).

Besseren Tee in einer größeren Auswahl kann man nicht nur in Paris nicht bekommen, und auch die Kuchen und Salate, die dazu serviert werden, sind sehr gut. Das Geschäft ist sogar am Sonntag geöffnet und verkauft herrliche Duftkerzen mit Teenoten – mein Favorit ist das Aroma „Thé des Mandarins". Noch lieber gehe ich allerdings in den Mariage Frères Teesalon im 6. Arrondissement (13, rue des Grands-Augustins).

Non seulement il est impossible de trouver à Paris un choix plus vaste des meilleurs thés du monde, mais les pâtisseries et les salades servies en accompagnement sont, elles aussi, délicieuses. La boutique, ouverte le dimanche, vend de sublimes bougies parfumées au thé – l'arôme « Thé des Mandarins » est mon favori. Mais ce que je préfère c'est aller au salon de thé de la rive gauche, 13, rue des Grands-Augustins, dans le 6ᵉ.

History: Family business established in 1854.
Open: Tea shop daily 10.30am–7.30pm, Restaurant daily midday–3pm, tea rooms daily 3–7pm (Sat/Sun brunch).
X-Factor: 600 different sorts of tea, light meals flavoured with tea aromas | Tea museum.
Prices: € 20 main course/ € 8.50–11 pastries/dessert.

Geschichte: Seit 1854 ein Familienunternehmen.
Öffnungszeiten: Teeladen täglich 10.30–19.30 Uhr, Restaurant täglich 12–15 Uhr, Teesalon täglich 15–19 Uhr (Sa/So Brunch).
X-Faktor: 600 Teesorten, leichte Gerichte mit Teearomen | Teemuseum.
Preise: 20 € Hauptgericht/ 8,50–11 € Patisserie/Dessert.

Histoire : Entreprise familiale depuis 1854.
Horaires d'ouverture : Magasin de thé tous les jours 10h30–19h30, restaurant tous les jours 12h–15h, salon de thé 15h–19h (Sam/Dim brunch).
Le « petit plus » : 600 variétés de thé, cuisine au thé | Musée du thé.
Prix : 20 € plat principal/ 8,50–11 € pâtisserie/dessert.

Benoit

20, rue Saint-Martin, 75004 Paris
☎ +33 1 42 72 25 76
www.benoit-paris.com
Métro: Châtelet/Hôtel de Ville

Every mayor of Paris has eaten here since the restaurant opened in 1912. It is one of the last classic and authentic bistros in Paris – with patina on the walls and good, traditional French cuisine, such as foie gras and home-made cassoulet (white bean stew with pork). However, guests also pay for the name – the food is comparatively expensive.

Jeder Bürgermeister von Paris hat hier schon gegessen, seit das Restaurant 1912 eröffnet wurde. Es ist eines der letzten klassischen und authentischen Bistros in Paris – mit Patina an den Wänden und traditioneller, guter französischer Küche wie Foie gras und hausgemachtem Cassoulet (weißem Bohneneintopf mit Schweinefleisch). Hier zahlt man aber auch für den guten Namen – das Essen ist vergleichsweise teuer.

Ouvert en 1912, le restaurant a vu défiler tous les maires de Paris. C'est un des derniers authentiques bistros parisiens – murs patinés par le temps, cuisine traditionnelle, par exemple foie gras chaud, cassoulet maison, jambon à l'os. La cave est à l'avenant. Mais on paie ici pour le nom, car les notes sont relativement élevées.

History: Opened in 1912, taken over by Alain Ducasse in 2005.
Interior: Belle Époque.
Open: Daily midday–2pm, 7.30–10pm; closed from the end of July to the end of August.
X-Factor: Traditional French dishes.
Prices: € 38 set lunch menu/ € 65 à la carte.

Geschichte: 1912 eröffnet; 2005 von Alain Ducasse übernommen.
Interieur: Belle Époque.
Öffnungszeiten: Täglich 12–14 Uhr, 19.30–22 Uhr; geschlossen von Ende Juli bis Ende August.
X-Faktor: Traditionelle französische Speisen.
Preise: 38 € Menü (mittags)/ 65 € à la carte.

Histoire : Ouvert en 1912 ; repris par Alain Ducasse en 2005.
Décoration intérieure : Belle Époque.
Horaires d'ouverture : Tous les jours 12h–14h, 19h30–22h ; fermé de fin-juillet à fin-août.
Le « petit plus » : Plats traditionnels.
Prix : 38 € menu (midi)/ 65 € à la carte.

65

Georges

Centre Pompidou, 6th floor
Place Georges Pompidou, 75004 Paris
☏ +33 1 44 78 47 99
www.centrepompidou.fr
Métro: Châtelet Les Halles/Hôtel de Ville/Rambuteau

Located on the 6th floor of the Centre Pompidou, the restaurant has a breathtaking view across Paris – and this is also its principal attraction. The sculptural aluminium elements created by the designers Dominique Jakob and Brendan McFarlane attempt to create a counterpoint to the magnificent industrial architecture of the museum by Renzo Piano and Richard Rogers, unfortunately without success.

Im 6. Stock des Centre Pompidou untergebracht, eröffnet das Restaurant einen atemberaubenden Ausblick auf Paris – und der ist auch seine Hauptattraktion. Die skulpturalen Aluminium-Elemente der Designer Dominique Jakob und Brendan McFarlane versuchen, einen Kontrapunkt zur grandiosen Industriearchitektur des Museums von Renzo Piano und Richard Rogers zu setzen, leider mit Verfallsdatum.

Au niveau 6 du Centre Pompidou, le restaurant offre une vue à couper le souffle sur les toits de Paris – et c'est aussi son attrait majeur. Les sculptures creuses en aluminium des designers Dominique Jakob et Brendan McFarlane tentent bien de placer un contrepoint à la grandiose architecture industrielle de Renzo Piano et Richard Rogers, malheureusement tout cela date un peu.

Open: Wed–Mon 11–2am | Reservation essential.
X-Factor: Breathtaking view across Paris.
Prices: € 10–20 starters/ € 16–42 main course/€ 60 à la carte.

Öffnungszeiten: Mi–Mo 11–2 Uhr | Reservierung erforderlich.
X-Faktor: Atemberaubender Ausblick auf Paris.
Preise: 10–20 € Vorspeise/ 16–42 € Hauptgericht/60 € à la carte.

Horaires d'ouverture : Mer–Lun 11h–2h du matin | Sur réservation.
Le « petit plus » : Superbe vue sur la ville de Paris.
Prix : 10–20 € entrée/16–42 € plat principal/60 € à la carte.

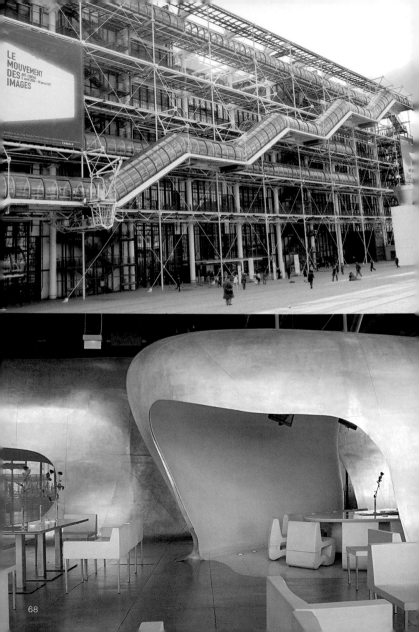

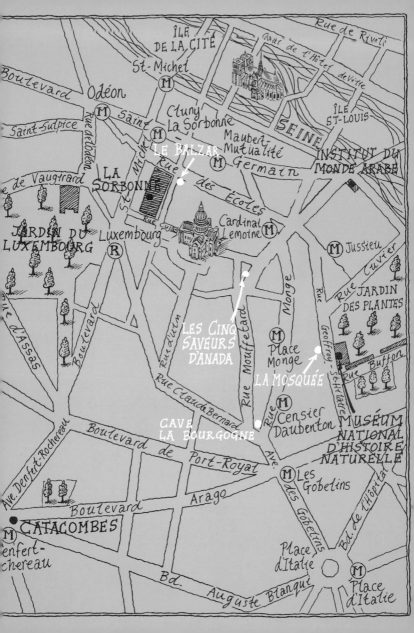

Brasserie Balzar

49, rue des Écoles, 75005 Paris
☎ +33 1 43 54 13 67
www.brasseriebalzar.com
Métro: Cluny La Sorbonne

The Brasserie Balzar has traditionally been a meeting place for the intellectual scene in Paris, where Sartre and Camus came to dine. The former proprietor wanted to make the restaurant into a second Lipp and engaged the same architect, who made use of large mirrors, dark wooden panelling and white and green tiles. The intimate Art Deco ambience and the classic menu have remained consistently first-rate. Regular guests love the seafood platters, the choucroute, the steak-frites and the sole meunière.

Die Brasserie Balzar ist seit jeher ein Treffpunkt der Intellektuellen von Paris; schon Sartre und Camus dinierten hier. Der frühere Besitzer wollte aus dem Lokal ein zweites Lipp machen und engagierte den gleichen Architekten, der mit großen Spiegeln, dunklen Holzvertäfelungen sowie weißen und grünen Fliesen arbeitete. Bis heute sind die intime Art-déco-Atmosphäre und das klassische Menü unverändert gut: Die Stammgäste lieben die Meeresfrüchteplatten und den Choucroute, das Steak frites und die Sole meunière.

La Brasserie Balzar a toujours été le point de rencontre des intellectuels parisiens ; Sartre et Camus y déjeunaient déjà. L'ancien propriétaire voulait faire de l'établissement un second Lipp et engagea le même architecte qui travailla avec de grands miroirs, des boiseries sombres et un carrelage vert et blanc. Le décor Art Déco et la carte n'ont pas changé : les clients attitrés aiment le plateau de fruits de mer et la choucroute, le steak frites et la sole meunière.

History: Brasserie since 1931 | Albert Camus and Jean-Paul Sartre used to have their lunch at Balzar.
Interior: Art Deco.
Open: Daily 8am–11.45pm.
X-Factor: Raie au beurre fondu (skate in melted butter), Foie de veau poêlé (pan-fried veal liver), Baba au rum.
Prices: € 17–30 à la carte.

Geschichte: Seit 1931 eine Brasserie | Hier trafen sich Albert Camus und Jean-Paul Sartre regelmäßig zum Lunch.
Interieur: Art déco.
Öffnungszeiten: Täglich 8–23.45 Uhr.
X-Faktor: Raie au beurre fondu (Rochen in Butter), Foie de veau poêlé (gebratene Kalbsleber), Baba au rum.
Preise: 17–30 € à la carte.

Histoire : Brasserie depuis 1931 | Albert Camus et Jean-Paul Sartre s'y rencontraient pour déjeuner.
Décoration intérieure : Art Déco.
Horaires d'ouverture : Tous les jours 8h–23h45.
Le « petit plus » : Raie au beurre fondu, foie de veau poêlé, baba au rhum.
Prix : 17–30 € à la carte.

Les Cinq Saveurs d'Anada

72, rue du Cardinal Lemoine, 75005 Paris
☎ +33 1 43 29 58 54
www.anada5saveurs.com
Métro: Cardinal Lemoine

This is one of the few strictly macrobiotic restaurants in Paris and suitable only for convinced devotees. I personally like meals with tofu and seitan, but they are not everyone's cup of tea. After a crisp raw-vegetable salad, you should treat yourself to a double espresso in one of the cafés at the very pretty Place de la Contrescarpe nearby, and enjoy life.

Eines der wenigen streng makrobiotischen Restaurants in Paris und nur für überzeugte Anhänger geeignet. Ich mag Gerichte mit Tofu und Seitan; aber sie sind nicht jedermanns Geschmack. Nach einem knackigen Rohkostsalat sollte man sich einen doppelten Espresso in einem der Cafés an der nahen und wunderschönen Place de la Contrescarpe gönnen und das Leben genießen.

Un des rares restaurants macrobiotiques à Paris et réservé aux adeptes convaincus, car tout le monde n'apprécie pas le tofu et le seitan. Après avoir mangé une assiette de crudités bien croquante, on devrait s'offrir un double espresso dans un des cafés de la merveilleuse Place de la Contrescarpe, toute proche, e se dire que la vie est belle.

Open: Tues–Sun midday–2.30pm, 7–10.30pm.
X-Factor: Crisp salads, macrobiotic dishes at moderate prices.
Prices: € 9.90 € salad/€ 15.90 main course/€ 6.30 dessert.

Öffnungszeiten: Di–So 12–14.30 Uhr, 19–22.30 Uhr.
X-Faktor: Knackige Salate, makrobiotische Gerichte zu moderaten Preisen.
Preise: 9,90 € Salat/15,90 € Hauptgericht/6,30 € Dessert.

Horaires d'ouverture : Mar–Dim 12h–14h30, 19h–22h30.
Le « petit plus » : Salades croquantes, plats macrobiotiques à des prix modérés.
Prix : 9,90 € salade/15,90 € plat principal/6,30 € dessert.

Cave la Bourgogne

144, rue Mouffetard, 75005 Paris
☎ +33 1 47 07 82 80
Métro: Censier Daubenton

An excellent place to go on a Sunday morning in Paris. After a stroll around the market on rue Mouffetard, this typical bistro with its wood-panelled entrance, mosaic floor and long bar is a place to relax, drink a glass of wine and enjoy typical French snacks. The pavement tables offer a view of Saint-Médard church.

Ein prima Paris-Tipp für den Sonntagvormittag: Nach einem Bummel über den Markt an der rue Mouffetard kann man in diesem typischen Bistro mit holzvertäfeltem Eingang, Mosaikboden und langem Tresen entspannen, ein Glas Wein trinken und köstliche französische Snacks bestellen. Von den Tischen auf dem Bürgersteig aus blickt man auf die Kirche Saint-Médard.

Une bonne adresse pour un dimanche après-midi dans la capitale : après un petit tour sur le marché de la rue Mouffetard, vous pourrez vous détendre dans ce bistro typique avec ses boiseries à l'entrée, son sol en mosaïque et son grand comptoir, en buvant un verre de vin et en dégustant des snacks français. Depuis les tables sur le trottoir, on peut non seulement goûter au spectacle de cette rue très passante, mais admirer aussi l'église Saint-Médard.

Open: Daily 7am–2am.
X-Faktor: Plain French cuisine | Places have a view of the Saint-Médard church.
Prices: € 8–13 for a small meal/€ 3.80 wine/€ 2 coffee.

Öffnungszeiten: Täglich 7–2 Uhr.
X-Faktor: Einfache französische Küche | Plätze mit Blick auf die Kirche Saint-Médard.
Preise: 8–13 € kleines Gericht/3,80 € Wein/2 € Kaffee.

Horaires d'ouverture : Tous les jours 7h–2h du matin.
Le « petit plus » : Cuisine traditionnelle simple | Places avec vue sur l'église Saint-Médard.
Prix : 8–13 € le repas/3,80 € vin/2 € café.

La Mosquée

39, rue Geoffroy-St-Hilaire, 75005 Paris
☎ +33 1 43 31 38 20
www.la-mosquee.com
Métro: Censier Daubenton/Place Monge

A visit to La Mosquée is like a short trip to the Orient: classics such as tajine and couscous are served at the restaurant with its delicate cedar-wood arches and soft cushions; the salon de thé in the inner courtyard is the perfect place to enjoy a thé à la menthe and sweet dates. Anyone in search of oriental souvenirs should take a stroll around the small souk followed by relaxation in the hammam (enquire about the opening times beforehand, they are different for men and women!).

Ein Besuch im La Mosquée ist wie eine kurze Reise in den Orient: Im Restaurant mit filigranen Zederholzbögen werden Klassiker wie Tagine und Couscous serviert. Am schönsten ist aber der Salon de thé im Innenhof, er ist der perfekte Platz für einen „thé à la menthe". Wer orientalische Souvenirs sucht, bummelt am besten durch den kleinen Souk und entspannt anschließend im Hamam (vorher nach den Öffnungszeiten fragen, sie sind für Damen und Herren unterschiedlich!).

Une visite à La Mosquée est comme un voyage en Orient. Le restaurant, remarquable avec ses arcs en bois de cèdre très travaillés et ses confortables coussins, propose des classiques comme la tajine et le couscous, et le salon de thé dans la cour est l'endroit idéal pour déguster un thé à la menthe accompagné de dattes. Si vous désirez des souvenirs orientaux, promenez-vous dans le petit souk, vous pourrez ensuite vous détendre au hammam (demandez à l'avance les heures d'ouverture qui ne sont pas le mêmes pour les hommes et pour les femmes!).

Interior: Shady courtyard with trees.
Open: Salon de thé daily 9am–11.30pm, restaurant daily midday–3.30pm, 7–11.30pm.
X-Factor: Moroccan mint tea, Oriental sweets.
Prices: € 5 starters/€ 12 couscous/€ 15,50 tajine.

Interieur: Begrünter Innenhof mit Bäumen.
Öffnungszeiten: Salon de thé täglich 9–23:30 Uhr, Restaurant täglich 12–15.30 Uhr, 19–23.30 Uhr.
X-Faktor: Marokkanischer Minztee, orientalische Süßigkeiten.
Preise: 5 € Vorspeise/12 € Couscous/ 15,50 € Tagine.

Décoration intérieure : Cour intérieure ombragée.
Horaires d'ouverture : Salon de thé tous les jours 9h–23h30 restaurant tous les jours 12h–15h30, 19h–23h30.
Le « petit plus » : Thé à la menthe marocain, sucreries orientales.
Prix : 5€ entrée/12 € couscous/15,50 € tajine.

Allard

1, rue de l'Éperon (entrance)/
41, rue Saint-André des Arts, 75006 Paris
☏ +33 1 43 26 48 23
Métro: Odéon

This bistro has wonderful Parisian charm with patina – hardly anything has changed here since it opened in 1940. The French bourgeoisie loves this restaurant and its famous duck dish – the tender meat disappears under a mountain of aromatic olives.

Dieses Bistro besitzt einen wunderbaren Pariser Charme mit Patina, denn seit der Eröffnung 1940 hat sich hier fast nichts verändert. Die einheimische Bourgeoisie liebt dieses Lokal und die berühmte Ente – das zarte Fleisch versinkt unter einem Berg aromatischer Oliven.

Ce bistro possède un charme fou, avec son ambiance rétro. En effet, presque rien n'a changé ici depuis l'ouverture en 1940. La clientèle bourgeoise vivant dans le voisinage aime cet établissement et son célèbre canard, dont la chair tendre disparaît sous une montagne d'olives odorantes.

History: Opened in 1940 | Once a popular meeting place for politicians and stars.
Open: Daily midday–2.30pm, 7–11pm.
X-Factor: Duck with olives, escargots.
Prices: approx. € 15 starters/ approx. € 35 main course.

Geschichte: 1940 eröffnet | Einst ein bekannter Treffpunkt für Politiker und Stars.
Öffnungszeiten: Täglich 12–14.30 Uhr,19–23 Uhr.
X-Faktor: Ente in Oliven, Schnecken.
Preise: ca. 15 € Vorspeise/ ca. 35 € Hauptgericht.

Histoire : Ouvert en 1940 | Jadis célèbre point de rencontre pour les hommes politiques et les stars.
Horaires d'ouverture : Tous les jours 12h–14h30, 19h–23h.
Le « petit plus » : Canard aux olives, escargots.
Prix : env. 15 € entrée/env. 35 € plat principal.

La Palette

43, rue de Seine, 75006 Paris
☎ +33 1 43 26 68 15
www.cafelapaletteparis.com
Métro: Odéon/St-Germain-des-Prés

Not much has changed since this restaurant was frequented by Picasso and Braque; this is particularly true of the waiters' manners. In true old-fashioned Parisian tradition, they are not exactly obliging. This should not be taken personally but seen as part of the entertainment while watching the comings and goings of guests. The interior dates from 1935, the dishes of the day are always good.

Es hat sich nicht viel geändert, seit Picasso und Braque hier einkehrten, vor allem nicht das Benehmen der Kellner: Sie sind nach altmodischer Pariser Tradition nicht unbedingt zuvorkommend. Fasst man das nicht persönlich auf, hat man hier seinen Spaß und beobachtet das Kommen und Gehen der Gäste. Das Interieur ist seit 1935 unverändert, und die Tagesgerichte sind immer gut.

Peu de choses ont changé depuis l'époque où Braque et Picasso venaient manger ici, et surtout pas les garçons, toujours aussi peu affables, tradition parisienne oblige. Si on ne le prend pas personnellement, on jouit de l'ambiance et on peut regarder les clients aller et venir. Le décor est resté comme en 1935, et les plats du jour sont toujours excellents.

History: First opened in 1903 | Once frequented by Picasso and Braque.
Interior: 1935.
Open: Daily 8–2am.
X-Factor: The dish of the day can always be recommended.
Prices: € 15 dish of the day | Credit cards: Visa only.

Geschichte: 1903 erstmals eröffnet | Picasso und Braque waren hier häufig zu Gast.
Interieur: 1935.
Öffnungszeiten: Täglich 8–2 Uhr.
X-Faktor: Tagesgerichte immer empfehlenswert.
Preise: 15 € Tagesgericht | Kreditkarten: nur Visa.

Histoire : Ouvert pour la première fois en 1903 | Picasso et Braque en étaient des familiers.
Décoration intérieure : 1935.
Horaires d'ouverture : Tous les jours 8h–2h du matin.
Le « petit plus » : Les plats du jour sont à conseiller.
Prix : 15 € plat du jour | Cartes de crédit : Uniquement Visa.

Le Bar du Marché

75, rue de Seine, 75006 Paris
☎ +33 1 43 26 55 15
Metro: Mabillon/Odéon

Located at the corner of rue de Buci and rue de Seine opposite the street market, this actually rather ordinary café has become a hot spot for young, hip Parisians, particularly at cocktail hour. But in the mornings it is also an excellent place to enjoy a cup of café crème while watching life go by or to relax after a trip to TASCHEN, located a little further along rue de Buci.

An der Ecke rue de Buci/rue de Seine gegenüber dem Straßenmarkt gelegen, ist dieses eher gewöhnliche Café zum Hotspot der jungen, hippen Pariser geworden, vor allem zur Cocktail-Stunde. Aber auch morgens lässt sich hier herrlich bei einem Café crème das Treiben beobachten – oder nach einem Besuch des TASCHEN-Ladens entspannen, der ein kleines Stück weiter an der rue de Buci liegt.

Au coin de la rue de Buci et de la rue de Seine, en face du marché, ce café sans prétention est devenu la coqueluche des jeunes Parisiens branchés, surtout à l'heure du cocktail. Mais, le matin, on peut aussi y déguster un café crème en regardant les passants ou se détendre après avoir visité la boutique TASCHEN, située un peu plus loin, rue de Buci.

Open: Daily 8–2am.
X-Factor: Hip hot spot for young Parisians | Snacks.
Prices: € 4 beer/ € 8 cocktails/€ 2.30 coffee.

Öffnungszeiten: Täglich 8–2 Uhr.
X-Faktor: Angesagter Treffpunkt für junge Pariser | Kleine Gerichte.
Preise: 4,00 € Bier/8 € Cocktail/2,30 € Kaffee.

Horaires d'ouverture : Tous les jours 8h–2h du matin.
Le « petit plus » : Lieu de rencontre sympa des jeunes Parisiens | Petite restauration.
Prix : 4,00 € bière/8 € cocktail/2,30 € café.

Café de Flore

172, Boulevard Saint-Germain, 75006 Paris
☎ +33 1 45 48 55 26
www.cafedeflore.fr
Métro: St-Germain-des-Prés

The Café de Flore was made famous by regular patrons such as the Surrealists Apollinaire, Aragon and Breton, the writers Jean-Paul Sartre and Simone de Beauvoir, and existentialists such as Juliette Gréco and Boris Vian. Today it is still a popular place for writers, models and actors to meet. However, the quality of the food has suffered from the advent of tourism. The tableware with its green lettering is particularly attractive and can be bought at the café's souvenir shop.

Das Café de Flore wurde berühmt durch Stammgäste wie die Surrealisten Apollinaire, Aragon und Breton, die Schriftsteller Jean-Paul Sartre und Simone de Beauvoir, die Existenzialisten wie Juliette Gréco und Boris Vian – und ist auch heute noch ein beliebter Treffpunkt von Autoren, Models und Schauspielern. Die Qualität des einfachen, aber guten Essens hat unter dem Tourismus allerdings gelitten. Besonders schön ist das Geschirr mit dem grünen Schriftzug, das man im hauseigenen Souvenirshop kaufen kann.

Apollinaire et les surréalistes Aragon et Breton, Jean-Paul Sartre et Simone de Beauvoir, les existentialistes Juliette Gréco et Boris Vian ont fait la célébrité du Café de Flore, qui est resté un rendez-vous apprécié des écrivains, mannequins et acteurs de cinéma. La cuisine, à l'origine simple mais bonne, a souffert du tourisme. La vaisselle au label vert est très jolie et on peut l'acheter dans la boutique.

History: The historical café was made famous by celebrities such as Guillaume Apollinaire, André Breton, Jean-Paul Sartre, Simone de Beauvoir and Juliette Gréco.
Open: Daily 7–2am.
X-Factor: Terrace with a fine view of the bustling street life.
Prices: € 9 starter/€ 14.50 salad/€ 13 cocktails.

Geschichte: Guillaume Apollinaire, André Breton, Jean-Paul Sartre, Simone de Beauvoir, Juliette Gréco u. a. machten das historische Café berühmt.
Öffnungszeiten: Täglich 7– 2 Uhr.
X-Faktor: Terrasse mit Blick auf das Straßengeschehen.
Preise: 9 € Vorspeise/ 14,50 € Salat/13 € Cocktail.

Histoire : Des clients comme Guillaume Apollinaire, André Breton, Jean-Paul Sartre, Simone de Beauvoir et Juliette Gréco.
Horaires d'ouverture : Tous les jours 7h–2h du matin.
Le « petit plus » : La terrasse pour jouir de l'animation du quartier.
Prix : 9 € entrée/14,50 € salade/13€ cocktails.

Brasserie Lipp

151, Boulevard Saint-Germain, 75006 Paris
☎ +33 1 45 48 53 91
www.brasserie-lipp.fr
Métro: St-Germain-des-Prés

The classic among the brasseries in Paris. Ernest Hemingway often sat here over herrings and wrote about them in "A Moveable Feast". Classic simple French cuisine, for example choucroute or steak frites, millefeuille as a dessert. However, more important than the actual food is where it is eaten. The table to which a guest is shown says everything about his importance. Worst of all is to be sent upstairs, then it's better to leave.

Der Klassiker unter den Brasserien in Paris. Ernest Hemingway saß hier oft bei Hering und schrieb darüber in „Paris, ein Fest fürs Leben". Klassisch französische und unkomplizierte Küche, Choucroute oder Steak frites, als Dessert Millefeuille. Wichtiger als das Essen ist allerdings, wo man es isst: Anhand des zugewiesenen Tisches lässt sich die Bedeutung des Gastes erkennen. Ganz schlimm ist es, nach oben geschickt zu werden, dann lieber wieder gehen.

La brasserie parisienne classique. Ernest Hemingway y mangeait souvent du hareng et l'écrit dans « Paris est une fête ». Cuisine traditionnelle sans complications, choucroute ou steak frites, millefeuille en dessert. Mais l'endroit où l'on mange est plus important que ce qu'on mange, et les meilleures tables sont réservées au VIP. Le pire est d'être envoyé en haut, mieux vaut alors s'en aller.

History: Founded in 1880 by Leonard Lipp | Favourite spot among writers, politicians, artists and other celebrities.
Interior: Wall tiles from 1900, Art Deco decoration from 1926.
Open: Daily 11.30–1am.
X-Factor: Hareng à l'huile, Sole meunière, millefeuille.
Prices: € 40 à la carte.

Geschichte: 1880 von Leonard Lipp eröffnet | Beliebter Treff für Schriftsteller, Politiker und Künstler.
Interieur: Wandfliesen von 1900, Art-déco-Einrichtung von 1926.
Öffnungszeiten: Täglich 11.30–1 Uhr.
X-Faktor: Hareng à l'huile, Sole meunière, Millefeuille.
Preise: 40 € à la carte.

Histoire : Ouvert en 1880 par Leonard Lipp. Point de rencontre apprécié des écrivains, des politiciens et des artistes.
Décoration intérieure : Faïences murales de 1900, décoration Art Déco de 1926.
Horaires d'ouverture : Tous les jours 11h30–1h.
Le « petit plus » : Hareng à l'huile, sole meunière, millefeuille.
Prix : 40 € à la carte.

brasserie
LIPP

151, BD SAINT-GERMAIN PARIS 6ᵉ
TEL : 01.45.48.53.91
OUVERT TOUS LES JOURS JUSQU'À 2H DU MATIN

AVIS
Par Mesure d'Hygiène
Messieurs les Clients sont priés de
ne pas faire manger les chiens
dans le matériel de la Maison
et de ne pas les faire monter
sur les Sièges

LIPP

Le Comptoir des Saints-Pères

29, rue des Saints-Pères, 75006 Paris
☎ +33 1 40 20 09 39
Métro: St-Germain-des-Prés

A typical French café, steeped in history – which guests sense as soon as they sit down at one of the pavement bistro tables or at the long brass bar. Hemingway, who lived in Paris from 1921 to 1926 and wrote "A Moveable Feast" about this time, initially stayed next door at Hôtel Jacob (now Hôtel d'Angleterre). James Joyce, who was still working on "Ulysses" at the beginning of 1920, lived very nearby, in rue de l'Université, and both writers came to the café regularly. Later, Hemingway also used to meet Scott Fitzgerald here (1929).

Ein typisch französisches Café, das Geschichte atmet, was man sofort spürt, wenn man am Bistrotisch auf dem Trottoir oder an der langen Messingtheke sitzt. Hemingway, der von 1921 bis 1926 in Paris lebte und später „Paris, ein Fest fürs Leben" schrieb, wohnte zunächst nebenan im Hôtel Jacob (heute Hôtel d'Angleterre). James Joyce, der Anfang 1920 noch an „Ulysses" arbeitete, lebte ganz in der Nähe in der rue de l'Université, und beide Schriftsteller kamen regelmäßig hierher. Später traf sich Hemingway hier auch mit Fitzgerald (1929).

Un café typique avec son beau zinc d'époque. Hemingway, qui vécut à Paris de 1921 à 1926 et écrivit « Paris est une fête », a tout d'abord habité à l'Hôtel Jacob – aujourd'hui Hôtel d'Angleterre – tout proche. James Joyce, qui travaillait encore à « Ulysse » début 1920, vivait à quelques mètres dans la rue de l'Université. Les deux écrivains venaient régulièrement ici, plus tard Hemingway y rencontra aussi Fitzgerald (1929).

History: Once frequented by Ernest Hemingway and James Joyce.
Open: Tue-Fri 7am–11pm, Sat–Mon 7am–8pm.
X-Factor: The bouillabaisse on Friday (Reservation recommended).
Prices: € 16 set menu/ € 12.50 dish of the day/ € 4.80–7.90 dessert/€ 1.20 coffee.

Geschichte: Einst oft von Ernest Hemingway und James Joyce besucht.
Öffnungszeiten: Di–Fr 7–23 Uhr, Sa–Mo 7–20 Uhr.
X-Fakor: Die Bouillabaisse am Freitag (Reservierung empfohlen).
Preise: 16 € Menü/12,50 € Tagesgericht/4,80–7,90 € Dessert/1,20 € Kaffee.

Histoire : Fréquenté jadis par Ernest Hemingway et James Joyce.
Horaires d'ouverture : Mar–Ven 7h–23h, Sam–Lun 7h–20h.
Le « petit plus » : Bouillabaisse le vendredi (réservation recommandée).
Prix : 16 € menu/12,50 € plat du jour/4,80–7,90 € dessert/1,20 € café.

Rue de la Sorbonne

Rue de l'Université

LE CAFÉ
DES LETTRES

Rue du Bac

GAYA RIVE
GAUCHE

St-Pères

Quai de Conti

SEINE

Boulevard

Boulevard

Rue des

Rue

Rue des Saints-Pères

St-GERMAIN
DES-PRÉS

Jacob

de

Seine

Rue Mazarine

Sèvres
Babylone

Rue du Dragon

St-
Sulpice

St-Germain-
des-Prés

M

Saint-

M

Germain

Mabillon

Odéon

M

de

Sèvres

R. des Saints-Pères

M

CAFÉ DE
LA MAIRIE

Rue de l'Odéon

Raspail

Cherche-Midi

Rue de Rennes

Pl. St-
Sulpice

ÉGLISE SAINT-SULPICE

Rue du

Rue de Mézières

Vaugirard

AU BON SAINT-
POURÇAIN

MAMIE
GÂTEAUX

Rennes

M

Rue de

Madame

Rue de Fleurus

Rue Guynemer

PALAIS DU
LUXEMBOURG

St-
Placide

M

Rue

JARDIN DU
LUXEMBOURG

Notre-Dame
des Champs

M

Rue Vavin

Rue d'Assas

Rue Auguste Comte

Bd. Saint-Michel

du Montparnasse

M

Vavin

A COUPOLE

Gaya Rive Gauche

44, rue du Bac, 75007 Paris
☎ +33 1 45 44 73 73
www.pierre-gagnaire.com
Métro: Rue du Bac

A fantastic, modern fish restaurant, typical of Paris. Classic fish dishes are on the menu, but the extras, such as oysters with foie gras, are also worth trying. The Gaya Rive Gauche is the perfect place to relax after a successful shopping spree – and to spend as much money once again as for the new shoes.

Ein fantastisches, modernes Fischrestaurant. Hier stehen klassische Fischgerichte auf der Karte, aber auch empfehlenswerte Extras wie Austern mit Foie gras. Am besten erholt man sich im Gaya Rive Gauche nach einem erfolgreichen Shoppingtag – und gibt hier noch mal so viel Geld aus wie für die neuen Schuhe.

Un restaurant de poissons fantastique, moderne et typiquement parisien. On découvrira sur la carte aussi bien des plats classiques que des extras à recommander, comme les huîtres au foie gras. L'idéal est de se détendre au Gaya Rive Gauche après une journée de shopping réussie. On y dépensera encore une fois ce qu'on a payé pour sa nouvelle paire de chaussures.

Open: Mon–Sat midday–2.30pm, 7–11pm.
X-Factor: Rock lobster risotto, wild perch | A good choice of wine by the glass.
Prices: € 48 menu of the day.

Öffnungszeiten: Mon–Sa 12–14.30 Uhr, 19–23 Uhr.
X-Faktor: Langusten-Risotto, Wilder Barsch | Gute Auswahl an offenen Weinen.
Preise: 48 € Tagesmenü.

Horaires d'ouverture : Lun–Dim 12h–14h30, 19h–23h.
Le « petit plus » : Risotto de langoustes, filet de perche | Bon choix de vins en carafe.
Prix : 48 € menu du jour.

Le Café des Lettres

53, rue de Verneuil, 75007 Paris
☎ +33 1 45 44 14 69
Métro: Rue du Bac

The Maison des Écrivains has its premises here today, but originally the house was built for an officer of the musketeers and you can still feel the spirit of the legendary D'Artagnan. The pretty courtyard with original cobblestones is an ideal place for lunch. It's cosy to sit inside as well and enjoy the delicious, unpretentious food.

Heute befindet sich hier die Maison des Écrivains, aber ursprünglich wurde das Gebäude für einen Offizier der Musketiere gebaut – man kann noch immer den Geist des berühmten D'Artagnan spüren. Der hübsche Innenhof mit altem Kopfsteinpflaster ist ein idealer Platz zum Mittagessen, doch auch innen sitzt man gemütlich und genießt das köstliche, unprätentiöse Essen.

Si ce bâtiment abrite aujourd'hui la Maison des Écrivains, il fut construit à l'origine pour un officier des mousquetaires, et on a l'impression que D'Artagnan hante encore les lieux. La jolie cour intérieure avec ses vieux pavés est l'endroit idéal pour le repas de midi. Mais on est aussi assis confortablement à l'intérieur pour déguster des plats simples et délicieux.

Open: Mon–Sat 9am–2.30pm (kitchen open from midday) and 8pm–midnight (kitchen open till 10.30pm).
X-Factor: 300 books to read, current newspapers and magazines, 30 games | Vegetarian dishes, home-made duck liver pâté.
Prices: € 6–13 starters/ € 16–26 main course/€ 2.50 coffee/€ 18.50 set lunch menu.

Öffnungszeiten: Mo–Sa 9–14.30 Uhr (Küche ab 12 Uhr) und 20–24 Uhr (Küche bis 22.30 Uhr).
X-Faktor: 300 Bücher zum Lesen, aktuelle Zeitungen und Zeitschriften, 30 Spiele | Vegetarische Gerichte, selbst gemachte Entenleberpastete.
Preise: 6–13 € Vorspeisen/ 16–26 € Hauptgericht/2,50 € Kaffee/18,50 € Lunch-Menu.

Horaires d'ouverture : Lun– Sam 9h–14h30 (service à partir de 12h) et 20h–24h (service jusqu'à 22h30).
Le « petit plus » : 300 livres, journaux et revues, 30 jeux de société | Plats végétariens, pâté de foie de canard maison.
Prix : 6–13 € Hors-d'œuvre/ 16–26 € plat principal/2,50 € café/18,50 € lunch formule.

Café de la Mairie

8, Place Saint-Sulpice, 75006 Paris
☏ +33 1 43 26 67 82
Métro: St-Sulpice/Mabillon/Odéon

This is where tout Paris sits at the pavement tables drinking coffee and enjoying the marvellous view of the square and the oddly ill-proportioned church. A crispy croque monsieur with a cold bière à la pression is an ideal snack or refreshment during a shopping expedition.

Hier sitzt „tout Paris" zum Kaffee auf dem Trottoir mit wunderbarem Blick auf den Platz und die seltsam unproportionierte Kirche Saint-Sulpice. Bei kleinem Hunger und als Stärkung während eines Einkaufsbummels schmeckt der knusprige Croque Monsieur zum kühlen Bière à la pression sehr gut.

Le Tout-Paris boit ici son café sur la terrasse qui offre une vue admirable sur la place et l'église Saint-Sulpice aux tours dissemblables si bizarres. Pour ceux qui ressentent une petite faim ou qui ont besoin d'un regain d'énergie pour continuer leur shopping, un délicieux croque-monsieur et une bière à la pression bien fraîche s'imposent.

Open: Mon–Sat 7–1am, Sun 9am–9pm.
X-Factor: Places with a view of the church and Place Saint-Sulpice | Snacks such as Croque Monsieur.
Prices: € 5.50 Croque Monsieur/€ 2.50 coffee | No credit cards.

Öffnungszeiten: Mo–Sa 7–1 Uhr, So 9–21 Uhr.
X-Faktor: Plätze mit Blick auf die Kirche und Platz Saint-Sulpice | Kleine Gerichte wie Croque Monsieur.
Preise: 5,50 € Croque Monsieur/2,50 € Kaffee | Keine Kreditkarten.

Horaires d'ouverture : Lun–Sam 7h–1h du matin, Dim 9h–21h.
Le « petit plus » : Places avec sa vue sur l'église et la place Saint-Sulpice | Petite restauration comme croque-monsieur.
Prix : 5,50 € croque-monsieur/2,50 € café | Cartes de crédit non acceptées.

Au Bon Saint-Pourçain

10 bis, rue Servandoni, 75006 Paris
☎ +33 1 43 54 93 63
Métro: St-Sulpice

This small restaurant is not very easy to find (it is tucked away in a narrow street – rue Servandoni), but the effort is worth it. Only very few tourists come here, and so the ones who do sit side by side with Parisians as they enjoy simple French bistro fare that also includes my favourite, the pot-au-feu, and the individual service.

Dieses kleine Restaurant muss man suchen (es versteckt sich in der schmalen rue Servandoni) – aber die Mühe lohnt sich. Hierher kommen nur wenige Touristen, und so sitzt man gemeinsam mit den Parisern am Tisch und genießt einfache französische Bistro-Gerichte wie meine Leibspeise, den Pot-au-feu, und den persönlichen Service.

Il faut vraiment chercher ce petit restaurant qui se cache dans la longue rue Servandoni, mais cela en vaut la peine. Peu de touristes s'aventurent jusqu'ici, et l'on se retrouve assis avec des Parisiens, un verre de Saint-Pourçain à la main, à savourer des plats traditionnels tout simples, du pot-au-feu par exemple, et à apprécier le service chaleureux.

Open: Mon–Sat midday–2.30 and 7pm–10.30pm.
X-Factor: Plain, traditional French cuisine with dishes such as pot-au-feu and escargots.
Prices: € 8–15 starters/€ 20 main course | No credit cards.

Öffnungszeiten: Mo–Sa 12–14.30 Uhr, 19–22.30 Uhr.
X-Faktor: Einfache traditionnelle französische Küche mit Gerichten wie Pot-au-feu oder Schnecken.
Preise: 8–15 € Vorspeise/20 € Hauptgericht | Keine Kreditkarten.

Horaires d'ouverture : Lun–Sam 12h–14h30, 19h–22h30.
Le « petit plus » : Cuisine française traditionnelle, comme le pot-au-feu ou les escargots.
Prix : 8–15 € entrée/20 € plat principal | Cartes de crédit non acceptées.

119

Mamie Gâteaux

66, rue du Cherche-Midi, 75006 Paris
☎ +33 1 42 22 32 15
www.mamie-gateaux.com
Métro: Sèvres-Babylone

An oasis in which to take a breather after a shopping excursion to the nearby Bon Marché department store or along the romantic rue du Cherche-Midi with its variety of small shops. All cakes, pastries and quiches served here are home-made. There are two shops called "Brocante" and "Boutique de Mamie Gâteaux", which sell attractive gifts and delicious cakes.

Die Erholungsoase nach einer Shoppingtour durch das nahe gelegene Kaufhaus Bon Marché oder durch die abwechslungsreiche, romantische rue du Cherche-Midi mit vielen kleinen Läden. Hier werden nur hausgebackene Kuchen, Gebäck und Quiches serviert. Nebenan gibt es noch die „Brocante" und die „Boutique de Mamie Gâteaux", in denen man hübsche Mitbringsel und den leckeren Kuchen kaufen kann.

Une oasis de repos après une visite au Bon Marché tout proche ou dans les nombreuses petites boutiques de la rue du Cherche-Midi si romantique. Le salon de thé ne sert que des pâtisseries et quiches maison. Juste à côté se trouvent la Boutique et la Brocante de Mamie Gâteaux dans lesquels on peut acheter les gâteaux et de quoi faire plaisir à ses proches.

Open: Tues–Sat 11.30am–6pm.
X-Factor: Nostalgic atmosphere of grandma's kitchen | Specialities: home-made cakes, pastries, quiches.
Prices: € 10 set menu (quiche with salad and a drink)/€ 5 cakes/€ 5 tea.

Öffnungszeiten: Di–Sa 11.30–18 Uhr.
X-Faktor: Nostalgisches Interieur aus Großmutters Küche | Spezialitäten: hausgemachte Kuchen, Gebäck, Quiches.
Preise: 10 € Menü (Quiche mit Salat und ein Getränk)/5 € Kuchen/5 € Tee.

Horaires d'ouverture : Mar–Sam 11h30–18h.
Le « petit plus » : Ambiance nostalgique de cuisine de grand-mère | Spécialités : Gâteaux maison, pâtisseries, quiches.
Prix : 10 € menu (quiche, salade, boisson)/5 € gâteau/5 € thé.

SALON DE THE

Mamie Gateaux

PARIS

La Coupole

102, Boulevard du Montparnasse, 75014 Paris
☎ +33 1 43 20 14 20
www.lacoupoleparis.com
Métro: Vavin

This large, well-known brasserie was opened in 1927. Despite the vastness of the magnificent Art Déco dining room, its atmosphere is actually one of intimacy and is still full of bustle. Classic Parisian brasserie food – seafood platters, steaks with creamy sauces – is recommended. A place I always enjoy revisiting.

Diese große und berühmte Brasserie wurde 1927 eröffnet. Obwohl der prachtvoll gestaltete Art-déco-Saal riesig ist, herrscht doch eine intime Atmosphäre. Die Brasserie ist immer voller Geschäftigkeit. Hier bestellt man das klassische Pariser Brasserie-Menü mit Meeresfrüchteplatten, Steaks und dicken Saucen. Mir macht es immer wieder Spaß, dorthin zurückzukehren.

Cette célèbre brasserie, la plus grande de Paris, a été ouverte en 1927. Bien que la superbe salle Art Déco soit immense, il y règne une ambiance d'intimité, et le personnel s'affaire. À côté des spécialités maison, on peut commander ici le menu typique de brasserie : plateau de fruits de mer, steaks servis avec des sauces épaisses. On y vient et on y revient avec plaisir.

History: Opened in 1927.
Interior: Magnificently designed Art Deco dining room.
Open: Mon–Wed 8.30am–midnight; Thu–Sat till 1am.
Prices: € 24–31 set menu.

Geschichte: 1927 eröffnet.
Interieur: Prachtvoll gestalteter Art-déco-Saal.
Öffnungszeiten: Mo–Mit 8.30–24 Uhr; Do–Sa bis 1 Uhr.
Preise: 24–31 € Menü.

Histoire : Ouvert en 1927.
Décoration intérieure : Somptueuse salle Art Déco.
Horaires d'ouverture : Lun–Mer 8h30–24h; Jeu–Sam à 1h du matin.
Prix : 24–31 € menu.

Index

Imprint | Impressum | Imprint

© 2011 TASCHEN GmbH
Hohenzollernring 53, D–50672 Köln
www.taschen.com

Compiled, Edited, Written & Layout by Angelika Taschen, Berlin

General Project Manager: Stephanie Paas, Cologne

Photos: Vincent Knapp, Paris

Illustrations: Olaf Hajek, www.olafhajek.com

Maps: Michael A. Hill, www.michaelahill.com

Graphic Design: Eggers + Diaper, Berlin

Lithograph Manager: Thomas Grell, Cologne

Final Artwork: Tanja da Silva, Cologne

German Text Editing: Christiane Reiter, Hamburg
Nazire Ergün, Cologne

French Translation: Thérèse Chatelain-Südkamp, Cologne
Michèle Schreyer, Cologne

English Translation: Kate Chapman, Berlin

Printed in China

ISBN 978-3-8365-3179-5

To stay informed about upcoming TASCHEN titles,
please request our magazine at www.taschen.com/magazine
or write to TASCHEN, Hohenzollernring 53, D-50672 Cologne,
Germany; contact@taschen.com; Fax: +49-221-254919.
We will be happy to send you a free copy of our magazine
which is filled with information about all of our books.

Photo on page 2: Paris, 1903
© Anonymous / collection of Horst Neuzner, www.neuzner.de